토닥토닥과 두근두근

김
일
영

시
집

삶창

2부 두근두근 방 1 / 34

두근두근 방 2 / 35

아기는 출렁인다 / 36

장마 / 38

그대라는 섬 / 40

서로 / 42

새해를 위한 기도 / 43

지나간 사람 / 45

이불 털기 / 48

아내의 화장대 / 50

골목을 보내며 / 52

옌쓰[燕絲] / 54

내성천 / 56

나와 라이카와 원앙 한 쌍 / 57

너에게 오는 길 / 60

3부 명자가 돌아왔다 / 64

대기의 역사 / 66

젖은 운동화를 신고 / 68

돌아온 별 / 69

퇴적층 / 70

광주 / 72

부표의 집 / 74

후리딤 / 76

메아리 / 78

이사 / 80

항해 / 86

1.5도 / 88

아침처럼 차오르는 새하얀 침묵
아무도 없는 그 백지 위를
뽀드득 세 글자로만 걸어가고 싶다

첫눈으로 너에게

도착하기 전에 녹지 말아야지
말하기 전에 울지 말아야지
일 년을 하루처럼 기다렸다는 말도
빗물로 지냈다는 말도 말아야지

처음 만난 것처럼 새로 만난 것처럼
그만큼만 소복이 내려야지
어제 만났던 것처럼 내일도 만날 것처럼
그렇게 너에게 날아가야지

그곳이 아스팔트 같더라도
창백한 유리창 같더라도
그렇게 쉽게 녹지는 말아야지
그렇게 쉽게 울지는 말아야지

말랑말랑

사람들은 그것을 돌멩이라고 말했다
나도 그것이 돌멩이라서 돌멩이라고 생각했다
돌멩이는 돌멩이와 다를 게 없었다
돌멩이를 지나갈 뿐이었다
그렇게 돌멩이는 세상 밖에 우두커니
오래도록 박혀 있었다
아무도 말을 걸지 않았고
돌멩이를 의심하지 않았다
그렇게 돌멩이는 돌멩이다워 보였다
아이가 물었다
저것은 뭐야?
돌멩이는 돌멩이야 말하려다
저것은 어쩌면 돌멩이만은 아닐지 몰라
생각하는 순간
돌멩이는 말랑말랑해졌다
아이와 나는 돌멩이를 삶아
나눠 먹었다

봄이 오는 소리

단발머리 팔랑거리며
친구 만나러 가는 소녀처럼
소녀의 반짝거리는 내일처럼
작은 손에 쥐어진 돌멩이처럼

까만 눈동자에 담긴 구름처럼
어린 보리 잎들이 출렁이는 들판처럼
구름 그늘이 흘러가는 들판 길을
노래하며 지나가는 소녀처럼

소녀의 작고 가느다란 비음이
참새 소리에 섞이는 오전처럼
아무 말 없어도 모두 제자리에 있는
삼월의 어느 일요일처럼

일요일을 가로질러 우리에게
오고 있는 소녀처럼

내일을 위한 기도

오늘은 아무도 울지 않기로 해요
사랑은 사랑의 맨얼굴로 곁에 서고
오늘은 아무도 죽지 않기로 해요
그제도 어제도 흘린 눈물
오늘은 아무도 흘리지 말기로 해요

소년의 부르튼 손이 소녀의 손을 잡고
하루치의 밀가루를 들고 돌아오듯
서로를 바라보기로 해요
젊은 아들을 묻고
손주의 저녁밥을 챙기러 가는
노모의 걸음으로
서로에게 돌아가기로 해요

내일은 우리
아무도 죽이지 않기로 해요
내일은 그래서 아무도
아무도 울지 않기로 해요

노랑지갑

개나리보다 노란 비닐 지갑 속에는
반듯하게 접힌 천 원 지폐 한 장
동전 여남은 개
학용품들이 분방하게 널린 책상 위에서
저 무게 저 모양 저대로 한 달째

지갑이 있어도 없어도 그만인
시골 소녀의 하루를 생각하면
오후를 지나는 나의 빠듯한 하루도
좀 용서받을 수 있을 것만 같고

있고 없고도 없어 참새들이나 민들레처럼
서로서로 재잘거리며 하나 같았을까
매일매일이 새로 발권한
십 원짜리보다 반짝거리는 소녀들의 오늘 위에 놓인
화창한 봄의 하루가
무심하고 아깝게 지나가고 있다

교문 앞을 지갑도 없는 소녀들이
참새 떼처럼 재잘거리며 지나가는 그 길을 따라
꽃들이 공짜로 몰려오고 있다

꽃샘

까맣게 말라 있는
아카시아 가지 사이로 새는 날고
나에게서 먼 냄새를 향해
안부를 묻습니다

봄은 멀고
아직 피지 않는 꽃들 곁에서
낮게 고인 그림자 한 송이 꺾으면
환해지는 먼지 냄새

당신이 왔으면 좋겠는데
당신은 멀리서 아프고
나는 햇살을 구부려
내 눈을 꿰어놓고
그곳을 생각합니다

양지바른 쪽에서 만나자 하니
화들짝 푸르러지는 늙은 라일락

내 안에 갇혀 출렁이는
삼백만 년의 목덜미를 쓰다듬어다오
사나운 소리를 메아리로 빚어 보내는
아름다운 너의 입술로

* 발굴된 인류 화석 중 가장 오래된 화석의 이름.

젤소미나

숲을 잃어버린 가로수에게
청춘은 매연이었네
혈류가 나침반이던 그때
너는 허름한 여인숙의
새 이불 같았지

바람 불던 겨울 능선에서
날개가 부러진 젤소미나
네 심장에서 흘러나오던 허밍은
오래된 새벽 숲이었네

하이힐의 타악과
반짝이는 종아리의 행렬 멀리
젤리의 질감 같던 젤소미나

이빨로 맛보는 심해를 알 리 없었던 그때
떠도느라 잃어버린 숲의 소란
나프탈렌 냄새 풍성한 외투

한 촉 빛에 의지해 날아가는 우주
나는 거기 반짝 빛나는 한마디 탄성
어둠 속 모래알이 나를 뱉어낸다

손바닥으로 아이의 이마를 더듬거리며
쓰다 만 편지를 써야 할 때

놀다

제 안에 든 움직임을 펴보며
새끼 고양이가 논다
저를 배우고 있다
수십만 년을 거슬러 갔다 돌아오면서
고양이는 고양이가 된다

넘어지고 또 넘어져도 다시 일어나는
걸음을 위해 아기가 걷는다
얼마나 많은 무릎들이 깨지고 아물었었나
둥근 무릎뼈는 축적된 상처
우릴 걷게 하고 춤추게 하는 힘

아장 아기가 넘어진다
단단해지는 무릎 위에서
아기가 놀고 있다

필체의 계보

방귀 냄새와 입냄새는 혈육을 알아본다
나는 처음 본 필체를 반갑게 맞는다
글씨들은 다시마며 콩들을 데리고
갓 결혼한 아들네를 둘러보러 왔다

찢어낸 달력 뒷장에 그려진 활자들은
백지 같이 환한 방이 낯선지
슬그머니 나가려 한다

괜찮아요
여기도 역시 찢어진 달력이에요
비좁은 뒷장에 냄새 나는 혈육도 그리고
계보 없는 필체도 마구 써 넣으려고요
어차피 악필 같은 삶이지만요

홀로 꾹꾹 눌러 써봤을 연필심 자국
이제는 악필을 걸어온 몽당연필이
내 손에 알맞기도 알맞답니다

전주

우리들의 잃어버린 얼굴들이 살고 있는 곳
땀으로 술을 빚고
인생을 헐어내 밥을 차리는 사람들의 도시
문을 잠그지 않아도 꿈들은 안전하고
피와 눈물이 흘러간 개천을 따라
실버들 바람을 씻어주는 곳

오래된 처마 아래 곱게 늙은 신발들이
졸음에 겨운 오후
시장 좌판에서 늙은 고목 같은 노파 홀로
소박한 찬들과 마주앉아
시장기를 삼킬 때

인생이 이처럼 덧없고 아름답게 흘러가더라도
서럽지 않겠네
내 인생도 저 곁에서 비린내처럼 머물다 가도
서럽지 않겠네

2부

두근두근 방 1

토닥토닥과 두근두근은 같은 속도다
나는 할머니가 내 심장에 넣어준 박자를
가슴에 기댄 아기에게 넣어주고 있다

할머니의 얼굴은 기억나지 않는다
나도 머지않아 지워질 얼굴이지
이 박자는
아기의 바깥까지 따라나설 보폭이다

그러니 아가야
어디서든 누구라도
혼자 두근거리지는 않는단다

껍질을 부르며 운다

장마

빗소리에 벽지 무늬가 깨지는 방에는
아기가 고치처럼 자고 있다
흘러가는 하수구에는
내가 뱉어놓은 말들이 빠져나간다

거울 속으로 투명한 사내들이 지나갔다
눅눅한 수건으로 얼굴을 닦으면
익숙한 얼굴 위에 씌워지는 얼굴 한 장
나는 냄새 나는 낯선 얼굴을 쓰고
잠든 아기를 바라본다

냄새 밖에는 아직
꽃이 피고 새들이 노래하나
아기의 잠이 웃는다
꿈 밖의 나는 향기가 흐리다
곰팡이꽃이 피는 아름다운 나의 벽
무늬들이 지워지고 있다

내 마지막 남은 열기를 모두 태우며
흔들리고 싶습니다

서로

버스 창가에 앉은 어린 딸이
내게 기댄 채 잠들었다
저를 모두 올려놓고
돌처럼 고요한 아이

버스는 정체되고
나는 새잎을 올려둔 고목같이
경건해진다

우리가 겹치기까지
멀고 먼 시간을 생각하면
서로의 무게를 지탱하느라
우린 잠깐
이토록 눈부시다

훗날을 지켜보며
지나가는 사람처럼 지나갈 뿐

이불 털기

북쪽에서 자란 그대와 남쪽에서 자란 내가
어쩌다 한집에 깃들어
모기들에 시달리며 밤을 보내고
장마여서인가
당신의 뒷모습은 오늘도 흐리네

피부를 쥐어짜는 습도
슬금슬금 갈 곳도 없이 나가보려는 나에게
털어보자고 이불 한 편을 나눠주는 당신
그래 어제의 전투는 어제
오늘 밤 우린 먼지가 조금은 털려 나간
이불을 깔고 꿈을 꿔야지

잡초 무성한 날들을 마주잡고
호흡도 잘 맞아 우습다
우리는 서로에게 낡은 신발 같아도
이불을 터는 일만은 천생연분

털고 털어도 생활은 먼지 맛이지만
마주보며 애쓰는 것이 우스워
그래 어쩌겠어
오늘의 캐릭터는 묵묵부답이었는데
새어나오는 웃음
서로를 살아내느라 애쓴다 그치

이불 두 장을 다 털고 나니 잠시 우린 또 맑군
이불 터는 일이라도 이토록 호흡이 잘 맞으니
그냥 살아가자

우리의 간격이야 털고 털어도
털리지 않을 얼룩 같은 것이지만
이불은 둘이 털어야 터는 맛

아내의 화장대

빛이 낸 길을 따라 먼지들이
화장대에 가라앉는 오후야
당신의 화장대는
다종의 화장품 샘플들로 풍성도 했었군

샘플이 될 수 없는 우리들의 삶
빛으로 채워진 무대는 없을 테니
다만 그림자로 빛나기를
어떤 색을 바른다 해도
그림자는 언제나 같은 색조고

색조들로 만발한 봄이 온다 해도
그림자는 어두워 선명하겠지
그렇게 꽃과 나무들 곁에
우두커니 서 있는 당신
샘플들이 풍성도 해서
당신의 얼굴을 지키고 있었던가

며칠이 지나 발견되었네
손녀가 태어나는 날이었네

지금은 새 땅 주인이 허물라 하는 집
아무도 돌아올 수 없는 집
사내가 밤마다 어둠을 덮다 간 집

* 옌쓰[燕絲] : 최하품 제비집 요리. 두 번째 집마저 빼앗긴 바다제비가 집을 지을 침마저 마른 상태여서 피를 토해가며 지은 집으로 집 색깔이 붉은색을 띠어 혈연(血燕)이라고도 한다.

내성천*

흘러가는 새들의 무게를 잊기 위해
모래는 낮은 쪽으로 야위고

뒤꿈치가 닳은 신발 한 짝이
모래톱에 박혀 떠나지 못하는 저녁

죽은 아들의 옷가지를 태우는 어깨가
산꿩 소리를 꾸역꾸역 삼킬 때

이름들을 하나씩 지우며 강은
터널처럼 어두워지고 있다

* 낙동강 상류의 지천으로 모래가 많은 강이었다. '4대강 사업'으로 낙동강 모래를 퍼내면서 이곳 모래도 줄어들었고 상류에는 영주댐이 만들어졌다. 2023년 7월, 상관의 무리한 수색 명령에 채수근 상병이 사망한 곳이기도 하다.

나와 라이카*와 원앙 한 쌍

소주는 무중력의 추억
처음 술을 마신 이는 별과 별 사이를 살다
지구를 벗어나지 못하고 죽었다

오늘 밤 라이카는 어디쯤 떠 있을까
신발이 별빛을 받고 있는 밤
체중은 중력으로부터 멀어진다

버렸다고 말하는 이들도 있겠지만
그건 인간만이 갖고 있는 기술
지금 나의 무중력은 중력 위에서 흔들린다

상가의 불빛이 몸에 박히는 시간
출발지가 분명한 물이 흐른다
도랑이거나 하수도라 불렸지만 용천이 될 수 있는 것은
새로운 발성법이다
체온과 피의 무게가 사라진 말은 주인이 없고

우리를 살다 가는 단어들은 화성처럼 비어 있다

다 건너기도 전에 가라앉을
단란한 한 쌍의 원앙새
출생지도 없는 수면에 떠 있다
물고기의 두 눈 속은 검다

새는 날개가 감옥일 수 있다는 것
닭의 날개를 가둘 수 있는 것은
중력이 아니라 하늘일 뿐

종이배를 향해 돌멩이를 던진다
그러나 중력에 영원히 갇힌 한 쌍
돌아올 수 없다는 것과
도착할 수 없는 흔들림 속에 라이카는 갇혔다

중력 밖을 아직 헤매고 있을 라이카
오늘 밤 별과 별의 거리는 칠흑이다

* 라이카는 떠돌이 잡종 개였다. 라이카는 인간보다 먼저인 1957년 11월 3일, 러시아 우주선 스푸트니크 2호를 타고 우주로 발사되었다.

너에게 오는 길

햇볕이 닿지 않는 곳은 심해
우리는 서로를 아득하게 흐르다
헤아릴 수 없이 죽고 다시 살아났지

서로의 살과 서로의 춤으로
솟아오르고 위험해져 눈을 얻었다

서로의 내륙을 꿈꾸며 중력을 짊어지고
목마른 태양 밑을 기어 온도를 얻었다
땀과 눈물의 힘으로 사막과 밀림을 헤매며
목소리를 찾아 떠돌았다

이제 우리는
추락을 향해 날아오르는 새
서로를 노래하고 춤추느라
중력 밖으로 솟아오르는 몸
추락하는 순간에만 돋아나는 아름다운 날개

우리는 헤아릴 수 없이 죽고 다시 살아났지

어미가 남기고 간 옷을 줄여 입고
밀감나무를 흔들던 바람 속에서 명자는 자랐다
이곳 모래 바다에서 물질을 배웠고
어두운 수면 아래를 떠돌다
외진 섬에서 나를 낳았던 명자가
굽은 허리와 기우뚱한 걸음에 실려왔다

살아서는 마지막으로 고향에
명자가 돌아왔다

대기의 역사

앓던 얼굴이
해사하게 야위었네

나무 그림자 슬금슬금 길어지는
늙은 평상에 나와 앉아
주름진 웃음으로

니가 사 준 잠바가 겁나 커져부렀어야
농담은 가을볕처럼 해맑고

바닷속을 더듬던 가쁜 숨을
휘파람으로 바꿔 줘서 고마워

할미 옆에 앉아
손녀는 무심히 노래하네
나뭇잎 배를 흔들던
공기의 방향으로
새잎만큼 돋아나는 말들

무말랭이가 말라가네
구름은 살이 찌고

젖은 운동화를 신고

해변으로 떠밀려 온 운동화에
맨발을 넣어본 적 있었다

개구리를 만져보면
내 살과 먼 살맛이 느껴지듯
운동화는 체온 잃은 몸처럼
무겁고 서늘했다

바다를 떠돌다 온 신발을 신어 보는 일은
이미 소멸한 사람이 보내온 기별에
밤새 답장을 쓰는 일

절름거리며 따라오던 발목이 무거워
운동화를 벗어주고 돌아왔지만
봄비 오는 광화문 광장 아스팔트 위를

젖은 운동화 한 짝이 나를 신고
절름절름 걸어간다

돌아온 별

떠돌다 돌아온 고향
밤하늘을 바라보다 돌아온
눈이 까끌거린다

빈집에서 혼자 깨어
잠든 동네를 떠돌 때
거울 같은 바다 위에 뜬 별들
눈물에 번져 빛나던

괜찮다 아가
우리 모두 혼자여서
함께 빛나고 있단다

퇴적층

벽제 화장터 공용 산골장(散骨場)
한 남자의 뼛가루 위에
한 아이의 뼛가루가 얹혔다

네 살이 되도록 걷지 못했던 아이는
신발 신어 보기를 좋아했으나
병원 내 감염으로 죽었고

집도 식구도 가져보지 못한 남자는
회사 택시를 몰고 떠돌다
교통사고로 죽었다

두 사람이 소각되어 날아간 허공은
무거워지지도 가벼워지지도 않았다

화장터 앞 주유소 입구엔
풍선 허수아비가
허리를 굽혔다 펴며

혼자 놀고 있었다

광주

서로를 지키던 추억으로 우린 아직 따듯한가
시들어가는 골목들마다 바랜 얼굴들
열매 같은 아이들을 매달고 나와 앉았다
눈이 마주치면 나눠 줄 웃음들은 시들지 않아
봄날의 기억은 이토록 길고 깊어라

양동 시장 노상에 내다 놓은 과일들이 볕을 받으며
아무도 몰래 붉어지고
우린 아직 땀과 눈물의 짠맛으로 달디단 밥을 차
린다

빈방을 등 뒤에 세워두고
울고 싶어도 웃어야 하는
중년 아가씨들이 손을 흔드는 저녁이 오면
월산동 고개는 더 구부러진다

한 집 두 집 비어가는 골목마다 밤은 스며들어도
아이들의 웃음소리도

취한 가장의 구두 소리도 들리지 않지만
시장기 어린 고양이들만 골목을 배회하는
그러나 꺼지지 않은 불빛 안에는
그릇에 숟가락 부딪치는 소리

부표의 집

갯바람에 그을린 얼굴들이
흘러다니던 시장 골목에
페인트가 벗겨진 성냥갑 같던 집

여자는 쪽찐 시어미와
꼬추를 딸랑거리며
선창가를 뛰어다니던 아들과 살았네

아들이 혼자 놀다
바다에 빠져 죽은 날 밤
식어버린 아이를 윗목에 눕혀놓은 채
물속처럼 조용하던 집

얼굴이 동그래진 여자는
시장 귀퉁이에 앉아
살이 찬 고등어를 어루만지고는 했었지

이젠 금 간 유리창 너머로

파래 자국 얼룩진 부표들만
올망졸망 걸려 있는 집

폐시장 골목에 나와 앉아
볕을 쬐고 있는

후리덤*

텔레비전이 들어오고 섬의 해안에는
피 묻은 후리덤이 자주 밀려들었다

육지에서 보낸 그림엽서 같은 후리덤
조숙한 소년들은
작대기로 찔러보며 킥킥거렸다

생리를 시작한 누나는
후리덤을 흘려보낸 육지를 향해
배를 타고 떠났다

누나가 도착한 후리덤엔 후리덤이 없었다
피를 흡수하는 새벽 출근길이 기다리고 있었을 뿐

이제 흘릴 피가 바닥난 누나는
대형마트에 산처럼 쌓인 생리대 앞에서
술 취해 새벽에 돌아올 딸을 대신해
머뭇거리고 있다

* 70~80년대 여성 생리대의 대명사처럼 쓰이던 생리대의 상품명.

메아리

아침 일찍 노모에게서 전화가 왔다
엄마, 누가 불러 문을 여니
아직 새까만 새벽이었다고

가까운 듯 멀게 뻐꾸기 운다
저 소리에는 메아리가 묻어 있다
어미의 체온이 떠나버린 알
그 속에서 잠들던
뻐꾸기 소리에는
계곡을 헤매다 온
울음이 들어 있다

뱃고동처럼 바다를 텅 비게 하는 소리
들판도 계곡으로 만들어버리는 소리

소녀는 어디쯤에서 울고 있을까
어미의 손을 놓치고
할머니가 되어버린 소녀

뻐꾸기처럼 메아리처럼 아직도
엄마라는 이름 속에서
창고처럼 텅텅 혼자 울고 있을라나

공복처럼 비워도 비워지지 않는 소녀와 엄마
그들은 서로를 부르며
새벽 근처까지
왔다 갔을라나

이사

1
마루 아래 남겨지는 신발들
비포장 길을 닮아 있다
세간들도 남겨둔 채 노모는
다음 생을 향해 신발을 신는다

또 가야 할 길은 플라스틱 슬리퍼처럼
그녀의 발등을 상하게 하겠지만
질긴 신발을 신고 가야 할 곳은 남아 있다

주섬주섬 몇 벌의 옷과 오래된 사진첩과
남은 식용유며 샴푸며 휴지들을 챙겨
잘 닫히지 않는 문을 닫는다

그녀에게 일찍 떠나온 고향이란
잃어버린 신발 같은 것이었을지도
걷고 걸어 도착할 곳에
남아 기다리는 신발이 있다 해도

고양이들과
날벌레들뿐인 집에
거울을 두고 가야 한다는 것은
벽에 얼굴을 걸어두고
방문을 잠그는 일 같다

날벌레들과
빗소리는 또 얼마나 오랫동안
거울을 출렁거리게 할까

아무것도 되비치지 않는
유리로 돌아가기까지 거울은
벽을 붙잡고 놓지 말기를

4
들락거리던 보폭들을 모두 끝내고
닫혔다는 안도감으로 녹이 슬어갈 문
닫히고 열리는 일이 사는 일이라

출렁거리면서도 안을 지켜낸 바깥

유리 같은 날들은 다 지나가고
벗겨지는 페인트마저 지워질 우리에게
다시는 들키지 않을 어두운 안을 숨겨두고
오래 서 있기를
저기서 나온 내가 닫히는 여기에 서서
숱하게 뒤돌아보던 날들을 보낸다

다시는 누구도 헐레벌떡 문을 열고 들어가
엄마, 하고 불러볼 날들은 없겠지
텅 빈 소리 안에서 떠돌 일 없겠지

5
승용차 한 대 분의 이삿짐을 싣고 차에 오르면서도
그녀는 며칠 어디 다녀올 사람처럼
함께 늙어 온 사람들과 작별한다

모기들이 바글거리던 변소와 똥무더기도 이젠 안녕이다
늘 서먹하던 마을이여 별도로 잘 낡아가시길

젊은 과부의 노랫가락 곁에서
저녁이면 나는 누군가 그리워
공터에 버려진 신발 같았지

추레한 외투가 걸린 벽에 기대어
계집애들을 앓고 선생의 매 자국을 긁다 보면
밤바다처럼 막막하던 문밖도 두렵지는 않았었구나

살아서는 돌아올 일 없어 서로 가볍다
오래된 집을 닫고 절뚝이는 그녀와 함께 나는
다른 지상을 향해 이륙한다

항해

아내는 녹슨 내연기관을 통통거리며
바다를 건너가고 있다
저 기침 소리가 가구처럼 익숙한 집에서
나는 설거지를 하고 밥을 차리고
조간신문을 뒤적이며
쓰린 속에 커피를 적신다

인형에게 말을 가르치는 아이는
우리가 늙어가는 속도만큼 자라고

나는 배에 탄 기분으로 책을 뒤적이고
글자들을 더듬으며 생활이라는 수심에
낚싯대를 드리운다

등 뒤에서 덤비는 햇볕을 닦다
아이의 잠꼬대에 화들짝 놀라며
흐릿해져 가는 우리의 실루엣을
끌어당겨 보기도 한다

통통거리며 건너는 바다는 깊고 서늘하지만
부력이 있고 바람이 있어
가 닿을 선창의 저녁
밥 짓는 사람들 냄새

낡은 목선 한 척이 통통거리며
깊은 밤을 건너가고 있다

1.5도

식욕이 차오르는 저녁
내 무릎 위에서 잠이 든
고양이와 나의 거리는 1.5도
이해할 수 없이 먼 각도
서로 다른 간격에 합승해 우리는
또 하나의 저녁을 지나는 중이다

생각만으로 더워지던 시절
한 여자가 입었던 체온을 열망했던 내 안의 식욕
나를 일으켜 세우던 그녀의 냄새는
단열 잘 된 집에서 익는 과일 같았다

고양이가 무릎 밖으로 나간다
나는 잠시 벗겨진다

젖을 빨고 밥그릇을 핥아본 것들은
빌려온 체온 주위를 평생 맴돌아야 한다
어떻게든 먹어야 하겠지

자기 온도를 가진 것들만 눈물을 흘릴 수 있으니
싸늘한 거리를 떠돌기 위해서는
도시락처럼 울음을 끼고 다녀야 할 테니

체온을 흘리고 돌아오는 사람을 기다리며
나는 쌀을 안친다

4부

통화 중

구조대 왔으니까 이따 전화할게

수장되었던 소녀는
사흘 만에
수면으로
떠올랐다

휴대폰을
꼭
쥔 채였다

지금도
소녀의 전화기는
통화 중이다

해저에서

죽은 아이가 다치지 않도록
잠수부는 아이의 얼굴을
가슴팍에 묻었다

그의 가슴은
산 채로 무덤이 되었다

감기지 못한 창

온기를 가질 수 없는 창틀은
주위보다 어둡다
허물어져 가는 처마 위로
솔잎이 몇 잎 지고
집은 사람들이 남기고 간 자국들부터 썩는다
누구도 돌아오지 않아
폐가는 겨우 무너지지 않는다

펜션에서 불어온 고기 굽는 바람이
유리창도 없이 흔들리는 창틀로 건너오고
날벌레들 들락거린다
끝내 오지 않은 북쪽 소식은
주먹 같은 노파를 먼저 보냈다

검은 창틀이 집을 모두 빠져나가면
기다리다 허물어져 간 집도 지워지고
더는 들락거리는 냄새마저 사라졌을 때
검은 창틀도 영영 잠이 드는 것이겠지

도로를 내다보던 창을 닫으러
어둠이 슬금슬금 몰려들고 있다

겨울 인력시장

눈 덮인 바위 위를 흘러간
쥐 발자국 한 켤레

서성이다
서성거리다 떠난 자리 눈이 부셔

정류장에는 한 무리 사람들
엉거주춤
쭈뼛거리고
주저하다
굽어가도록

있어야 하기에 서성이는
발 시린 새벽

악기들

죽음이 뜯어먹고 뱉어낸 뼈들은 비어 있다
한 무더기의 악기들이 발굴된 동굴도 비어 있다

골다공증의 다리가 제사상 앞에 엎드려
뼈들이 보내온 메아리를 수신한다

메아리에 갈매기가 올라탄다
검은 해안선 갈매기는 피리처럼 운다

숨바꼭질

계란판처럼 늘어선 무덤들 앞에서
딸이 묻는다
왜 죽었어?
어떻게 죽었어?
무덤들이 물음표구나

묘지들은 바람 사나운 벌판을
낮고 작은 자세로 견디며
이끼 낀 주차장을 얻었다

묻힌 질문 위에서 어린 것은
새처럼 재잘거리며 숨바꼭질을 놀고
어디 숨었게?
글쎄 다들 어디에 숨었나

바람 많은 묘지공원에서 우리는 술래
질문이 열렸으니 나가야지
답은 추운 문밖에서 우리를 기다리며

오래 숨어 있었다

소녀의 방

밑 빠진 화분에도 꽃은 피고
절벽 같은 바람에 머리카락을 빌려주던 소녀는
빈 과자 봉지였다

군인들이 걸어 들어간 그림자 안에서
불 꺼진 방처럼 눕고는 했다

무너져 내리는 밤하늘,
뽑아버린 못 자국 같은 별들에 담배를 비벼 끄면

변성기의 목소리엔 검은 털이 자라고
한 번 박힌 못은
녹슬어 목이 꺾일 때까지 서 있어야 했다

홍조 띤 얼굴을 붉은 골목에 세워두고
발등이 부은 이 거리까지 뛰어왔지만

늙어버린 소녀는

아무도 오지 않는 빈방에서
아직도 울고 있다

베스트 포토 존

지워지지 않는 시간으로부터
여기까지 파도는 달려온다

일출봉의 절벽을 배경으로
어미가 젖먹이를 돌아보며
총구 앞으로 걸어가던
여기는 터진 목

늙은 아비가 죽은 아들을 업고
건너오던 바람의 땅
수백 명의 비명을 물고
갈매기 날아오르던 곳

일출봉 거대한 암벽이
시커멓게 그을린 빛깔로
자세를 취하는
여기는 터진 목
관광객들 해맑게 셔터를 누르지만

붉은 파도가 출렁이던 곳

출렁이는 폭낭*

오백 년을 서 있는 나무 밖으로
여전히 바람이 불고 비가 온다
고요한 땅 위에 떨어진 무게가
맨 먼저 닿은 자리
거기서 시작된 떨림이
오백 개의 파동을 얻기까지
나무는
땀 냄새와 피비린내를 건너왔다

죽은 사람은 죽은 듯이
산 사람도 죽은 듯이 가위눌리며
나이테를 지나는 동안

집터들은 여전히 비어 있고
피가 스며든 자리마다
아이들 웃음소리처럼
솟아오르는 보리 순

밭일 끝낸 사람들 허기진 등 뒤로
노을이 지고
밥 짓는 냄새 돌담을 넘으면
슬픔도 배고픔도 함께여서
노래가 되던 마을의 시간
총알보다 깊이 박혀
출렁이고 있는 나무의 파동

* 폭낭 : 팽나무의 제주말.

혈육

1

산에서 잡아온 까까머리들을 엮어
끌고 가는 총구 앞을
길 가던 노인 둘이
막아서며 애원했다

어린것들이 뭘 알암쑤꽈
살려줍서

김을 피우며 구덩이에 던져진
소년들의 몸뚱어리 위에
두 노인의 몸도 던져졌다

그들의 체온은 한 덩어리가 되어
흙이 덮일 때까지 따뜻했다

2

살기 위해 창을 든 여자 앞에
산에 숨었다 잡혀온 아주머니가 세워졌다

총구는 여자의 뒤통수를 향해
찔러보라고 명령했다

여자는 쇠창을 놓고 총알을 받았다

두 여자의 따뜻한 피가
흙구덩이 안에서 섞여갔다

식구들

젊은 아들의 영정 사진을 등 뒤에 걸어두고
늙은 어미와 아비
젊은 아내와 아홉 살 아들이
옹기종기 이른 아침을 먹고 있었다
해가 뜨면 관을 끌고
화장장으로 가야 할 사람들
장례식장 창문이 푸르게 밝아오고 있었다

오늘 아침은 평생을 먹어온 밥이 낯설고
파괴된 몸이 담긴 관을
나르기 위해 온 내 인사에
못 먹을 것이라도 먹다 들킨 사람들처럼
화들짝 일어서는 식구들
피로가 달라붙어 있는 얼굴로
어색하고 부끄럽게 답례하는 그 모습이
서러워 빈 뱃속이 쓰리다

살아야 한다는 가혹함을 우린 모두

살아야 하고 나에게 다시 주어진 밥 한 그릇
그의 어린 아들만이 이 낯선 시간을
감정 없이 바라보고 있었다

얼마 후면 그의 관은 지상에서 치워질 것이고
몇 푼의 보상금과
그가 비워둔 식탁 의자는
식구들 곁에 우두커니 남겠지
우린 어쩌자고 이 새벽에
이 허기와 슬픔을 섞어 밥을 먹나

너는 이제 다시는
아무것도 먹을 필요가 없어 웃고 있는데
우릴 내려다보며 웃고 있는데

감자와 시간

살아남은 사람들이 돌아왔을 때
밭에는
마을 사람들이 쌓여 있었다

이듬해 밭에서는
머리통만 한 감자들이 발굴되었고

움막 안에서
감자를 숨죽여 삼키던 여자들은
감자 같은 아기들을 낳았다

젖을 물리는 동안
백년이 흘러가버렸다

해설

말랑말랑한 아버지의 세계
— 김일영 시인께

노지영 (문학평론가)

1

시를 읽고서 편지를 쓰고 싶어졌습니다.

별다른 친분 없는 제가 이렇게 편지로 시인께 말을 거는 것이 다소 어색하지요. 우리는 이런 식의 편지가 허락되지 않았던, 매우 먼 사회적 관계일지도 모릅니다. 글로써 만나야 하고, 객관적이고 건조한 어투로 인사드려야 정중한 것이라 여겨지는 사이지요.

그런데도 오늘은 어색함을 무릅쓰고 말랑말랑한 편지를 씁니다. 선생님의 시가 저에게 있었으면 하는 시절들을 그립게 만들고, 오래전 태반이 먼 곳에서부터 증여해주던 온기를 기억하게 했거든요. 선생님께 따스한 시를 전달받았으니, "쓰다 만 편지를 써야 할 때"(「잠깐」)가 온

것이 아닐까 합니다. 저에게 이런 시를 쓰는 아버지가 있었으면 어땠을까, 아버지가 묵묵히 증여해준 마음과 행위들을 다 커서 뒤늦게 알아차리는 기쁨은 내 삶을 얼마나 풍부하게 만들어줄 것인가, 시 속의 아기에게 부러움을 느끼며, 아버지가 펼쳐준 세계들을 뒤따라 뽀드득뽀드득 걸어나갈 한 아이를 떠올립니다.

모든 인간은 두 개의 자궁을 갖는다고 생각합니다. 하나는 누구나 통과해야 할 생물학적 모태로서의 자궁입니다. 그리고 다른 하나의 자궁이 인간에게는 더 필요하지요. 가족이라는 소사회로서의 자궁입니다. 타 포유류와 달리 조산을 하면서 태어나는 인간의 아기는 홀로 자립할 수 없는 형태로 어머니의 자궁에서 내던져지지요. 선생님의 시에서처럼, "물이 몸집을 불리면/ 아기는 바깥으로 쫓겨나/ 어둠 속에서 훌쩍여야"(「아기는 출렁인다」)하는 것입니다. 그래서 신체적으로 취약한 대부분의 아기들은 세상을 향하는 문지방을 넘기 전, 즉 상징세계의 현실원칙에 노출되기 이전, 어떤 형태로든지 일정 기간 가족이라는 돌봄의 안전망을 만나 보호를 받아야 합니다. 생애 최초의 경험들을 익혀나가기 이전에 또 다른 안전망 속에서 부모의 부단한 증여를 받으며 살아가야 하지요.

전자가 생물학적 어머니의 독점적 관할 속에 있는 '제1의 자궁'이라고 한다면 후자는 아버지나 형제, 조부모

등 기타의 가족들이 꿰매준 '제2의 자궁'이라 이름할 수 있을 것입니다. 제2의 자궁은 아기가 자유로이 유영할 수 있었던 태반 내 세계보다는 불완전한 공간이지만, 가족이라는 존재가 사방에서 쿠션이 되어주기에 어디에 부딪혀도 쉬이 다치지 않는 말랑한 세계입니다. 제1의 자궁에서는 어머니의 탯줄을 통해 안전이 보장된다면, 제2의 자궁에서는 아버지와의 협업 속에서 주변의 손길이 아이에게 안전망을 만들어줍니다.

 선생님의 두 번째 시집은 그런 안전한 공간을 최대한 확장하여 가족이라는 성소를 오늘의 시가 있어야 할 장소로 변환했습니다. 2009년 출간된 첫 시집 『삐비꽃이 아주 피기 전에』의 주인공이 주로 소년 혹은 청년 화자의 시선으로 세상을 바라보고 있다면, 2025년의 이번 시집에는 시간의 더께가 쌓인 만큼 첫 시집의 화자들이 훌쩍 자란 느낌입니다. 마치 영화 〈보이후드〉(2014)가 주인공이 성장해 온 긴 시간을 그대로 카메라에 담아내듯, 시인도 아버지로 성장하기까지의 오랜 시간을 시집에 압축적으로 담아내고 있습니다. 두 번째 시집이 천천히 나올 수밖에 없었던 이유는 청년 화자의 시간을 통과하여 아이와 교감해 온 아버지 화자의 마음이 더욱 농밀해지는 데 긴 시간이 필요했기 때문일 것 같습니다. '삐비꽃'을 불던 소년미 넘치던 시인은 이제 시를 쓰는 장년의 아버지가 되었습니다. 대신 부성적 권위를 상징하는 전형적 아버지가 아니라 자신이 민감하게 상처받아 온 세계를 인식하며 온통 위험 지대가 된 세상에서 아이를 애련(哀憐)하는 아버지로 등장하지요. 시집 전반에 등장하는 아버지는 아기와 함께 출렁이고 있는 양수 같은 존재입니다. 아기가 봐야 할 세계, 함께 연결되었으면 하는 세계를 재구성하며 선생님은 조심스럽게 한 걸음씩 내디뎌 시를 쓰고 있습니다.

2

영국의 시인 윌리엄 블레이크(William Blake)는 『순수의 노래(Songs of Innocence)』에서 아이를 자연과 신, 세계와 조화롭게 연결된 순수한 존재로 묘사했습니다. 사회적 억압이나 종교적 정죄에서 자유로운 상태, 조화롭고 신성하게 보존된 순수의 본래 상태를 그는 아이의 세계로 노래하지요. 선생님의 시집에도 아이의 세계가 선사하는 행복감이 가득합니다. 그것은 우리 모두의 심리에 장착되어 있는 자본의 논리와는 거리가 먼 세계입니다. 선생님은 "지갑도 없는 소녀들이" 교문 밖으로 쏟아져나오는 것을 보며 "꽃들이 공짜로 몰려오고 있다(「노랑지갑」)"고

표현하였지요. 세속의 이해타산과 상관없이 과분하게 쏟아지는 개나리 사태와 함께 봄은 옵니다. 그 봄을 몰고 오는 중심에는 한 소녀가 있습니다.

  단발머리 팔랑거리며
  친구 만나러 가는 소녀처럼
  소녀의 반짝거리는 내일처럼
  작은 손에 쥐어진 돌멩이처럼

  까만 눈동자에 담긴 구름처럼
  어린 보리 잎들이 출렁이는 들판처럼
  구름 그늘이 흘러가는 들판 길을
  노래하며 지나가는 소녀처럼

  소녀의 작고 가느다란 비음이
  참새 소리에 섞이는 오전처럼
  아무 말 없어도 모두 제자리에 있는
  삼월의 어느 일요일처럼

  일요일을 가로질러 우리에게
  오고 있는 소녀처럼

  ―「봄이 오는 소리」 전문

리듬 자체가 곧 '봄이 오는 소리'의 일부처럼 느껴져 시의 전문을 인용해보았습니다. 직유로 병렬된 시행들은 반복적 구조 속에서 더욱 리드미컬한 발걸음으로 독자에게 다가오고 있습니다. 블레이크의 견해처럼, 아이의 세계란 단순한 미덕이나 정형화된 동심이 아니라 인간 영혼의 한 상태라는 것을 이 시는 잘 보여줍니다. 자연과 조화된 아이의 상태를 묘사한 문장들이 아홉 개의 '처럼'이라는 조사 뒤에 수식되어, 근심과 고통의 감정이 단 한 줄도 서려 있지 않은 문장들이 꽃비처럼 쏟아지고 있습니다. 반드시 있었으면 하는 이상향으로서의 풍경들이 난해한 꾸밈없이 통사적으로도 자연스럽게 펼쳐지고 있어 시는 엄청난 속도감으로 읽힙니다. 율독의 속도가 봄이 오는 속도로 조화롭게 전환되지요. 이렇게 작고, 어리고, 반짝거리고, 가느다란 것들이므로 무엇으로든 변화무쌍하게 변할 것이라는 기대 속에서 봄에 대한 설렘은 증폭됩니다. 아이의 세계란 그 어떤 것으로든 변할 수 있는 인간의 잠재성과 모든 것을 수용할 수 있는 관대성을 상징합니다.

    창틈으로 겨울이 스며들고
    아직 침침한 아침
    빗을 가져와

돌멩이를 지나갈 뿐이었다

그렇게 돌멩이는 세상 밖에 우두커니

오래도록 박혀 있었다

아무도 말을 걸지 않았고

돌멩이를 의심하지 않았다

그렇게 돌멩이는 돌멩이다워 보였다

아이가 물었다

저것은 뭐야?

돌멩이는 돌멩이야 말하려다

저것은 어쩌면 돌멩이만은 아닐지 몰라

생각하는 순간

돌멩이는 말랑말랑해졌다

아이와 나는 돌멩이를 삶아

나눠 먹었다

―「말랑말랑」 전문

우리는 관습적 질서 속에서 사물의 본질을 고정시키는 데 익숙합니다. 다수의 호명대로 타성적 관념이 형성되는 세계를 그대로 지각하지요. 그러나 아이는 사물을 특정 목적에 맞게 도구화하지 않으며 모든 대상들에게 억압 없는 상상력을 발휘합니다. 아무도 관심을 두지 않는 돌멩이를 보고 아이가 "저것은 뭐야" 하며 근본적인 질문을 던지는 순간, 죽비를 맞은 듯 기성의 질서에 균열이 생깁니다. 우리는 어쩌면 "돌멩이는 돌멩이야"라는 동어반복적 세계 속에서 '돌멩이다움'이라는 본질을 고정화하며 사유를 경화시키는 일에 공모하고 있었는지 모릅니다. 아비-되기를 이행한다는 것은 상징언어를 학습시켜 아이를 사회화하는 것이고, 그러한 아비에게 돌멩이란 표상은 '던지는 것', '딱딱한 것', '변치 않는 것'이어야 합니다. 그것이 무수한 아버지들이 사회와 소통할 수 있다고 믿는 안정된 질서입니다. 그러나 아이는 말랑말랑하고 출렁출렁하는 양수의 세계, 모든 새로운 존재를 출산할 수 있는 모태의 세계로 아버지를 불러들입니다. 그리고 돌멩이라는 것을 던지거나 부수는 폭력의 세계 대신, "돌멩이를 삶아/ 나눠 먹"는 새로운 체험이 있는 세계에 내려놓습니다. 그것은 어쩌면 유년 시절 우리에게 익숙한 소꿉놀이의 세계와도 다르지 않을 것입니다. 딱딱하고 먹을 수 없는 것을 삶아 먹거나 나눠 먹을 수 있는 속성으로 변경시키며 아이와 아버지는 친밀하면서도 새로운 상호적 관계로 들어서곤 하지요. 아이가 바라보는 세계는 그러한 놀이 속에서 사물의 본질을 변화시킵니다. 사물의 잠재성을 깨워내, 있었으면 하는 따스한 공동체를 상상해나갑니다.

 그러나 아이의 놀이에는 오직 즐거움만 있는 것은 아

닙니다. 새로움을 탐색하고 체화하며 "저를 배"워나가는 것은 놀다가 "넘어지"고, 또 "다시 일어나는" 과정입니다.

> 제 안에 든 움직임을 펴보며
> 새끼 고양이가 논다
> 저를 배우고 있다
> 수십만 년을 거슬러 갔다 돌아오면서
> 고양이는 고양이가 된다
>
> 넘어지고 또 넘어져도 다시 일어나는
> 걸음을 위해 아기가 걷는다
> 얼마나 많은 무릎들이 깨지고 아물었었나
> 둥근 무릎뼈는 축적된 상처
> 우릴 걷게 하고 춤추게 하는 힘
>
> 아장 아기가 넘어진다
> 단단해지는 무릎 위에서
> 아기가 놀고 있다
>
> ―「놀다」 전문

다시 블레이크의 작업을 떠올려보겠습니다. 블레이크는 1789년 『순수의 노래』를 발표하고, 5년 뒤 『경험의 노래(Songs of Experience)』를 연이어 내놓았습니다. 유년의 시기란 경험의 고통에서 자유로운 순수한 인간성의 본래 상태를 보여주지만, 순수성은 사회적 시선에 취약합니다. 고통과 상처, 억압과 상실로 가득 찬 경험의 세계를 투과하며 언젠가 훼손되는 영역이 생기지요. 블레이크가 이 시를 쓰던 시절은 산업혁명의 사회적, 경제적 변화 속에 아이들의 노동을 착취하는 일이 빈번했습니다. 고통받는 아이들을 두고 유아적 무구함만을 찬양하는 것은 기만적인 행위일 것입니다. 천진무구함이란 성채는 무지와 무관심으로 변성되기도 하니까요. 그래서 블레이크는 『순수의 노래』 옆에 『경험의 노래』를 짝패로 들이밉니다. 아이로 표상되는 순수의 세계와 경험적 현실이 맞물리는 과정이 진정한 인간적 자각을 가능하게 한다 여겼기 때문입니다. 선생님의 시가 보여주듯이 순수한 놀이 속에서도 아이는 넘어집니다. 그렇게 "축적된 상처"가 둥근 "무릎뼈"를 만들어내지요. 놀이를 통해 세상을 만나며 인간의 영혼은 상처의 경험 또한 만나게 됩니다. 그리고 그 경험을 통해 다시 일어나서 걷게 됩니다. 마모되어 둥글어진 무릎뼈는 인간을 좌절시키는 것이 아니라 "걷게 하고 춤추게 하는 힘"으로 작용하게 되고요. 실패의 경험이라는 것이 또 다른 놀이를 가능하게 하고, 자유롭게 해방의 춤을 출 수 있는 조건도 만들어주는 것입니다.

그런 순수의 시절이 경험의 상처와 만나 서로를 성장시키고 있음을 선생님의 시는 보여주고 있습니다. 새로운 경험 속에서 발생하는 아이의 상처가 단지 상처만으로 보이지 않는 것은 아이가 주변 세계와 분리되어 있지 않기 때문일 것입니다. 아이의 주변엔 "엉킨 것을 풀어" 주며 "내게 남은 일말의 선량함을 모두 모아"(『머리를 빗기며』) 머리를 빗질해주는 아버지가 있습니다. 아이에게는 넘어지더라도 다시 일어날 수 있는, 실패의 경험을 오랫동안 놀이로 감각하게 해주는 말랑말랑한 땅이 존재합니다. 또 아이에게는 함께 이불을 터는 행위를 놀이로 전환시키는 웃음기 넘치는 부부도 있습니다(「이불 털기」). 일상의 루틴으로 보이는 가족과의 활동들이 놀이이자 제의가 되어 상처를 단련하는 내력이 되는 것이지요. 이 모든 것이 아이에겐 증여의 역사입니다. 놀이로 단련하는 법을 체득해 오면서 아이는 말랑한 지대를 최대한 오래도록 누리며 새로운 경험을 맞습니다.

3

그렇게 한 아이에게 가족들이 증여를 이어 온 역사는 얼마나 길까요. 평균 수명이 아무리 길어졌다지만, 우리는 선대를 모두 기억할 수는 없습니다. 전사(前史)를 기억에서 지워버리며 미래의 삶으로 나아가는 것이 인간의 삶이지요. 그러나 선생님은 현존하는 아기의 육체가 오랜 생명의 움직임들 속에서 증여를 받아왔음을 시 속에서 확인해주고 있습니다. 선생님의 시에서 아기의 생명은 "먼 바다에서 달려오는 허밍"(「젤소」미나」)이거나 "내 안에 갇혀 출렁이는/ 삼백만 년의 목덜미"(「루시가 온다」), "사십육억 년 만에 처음 뜨는 해"(「새해를 위한 기도」)처럼 오래된 기원을 지닙니다. 사랑에의 증여를 받았다 할지라도 모두 갚을 수 없지요. 답례할 수도, 교환할 수도 없이 너무 긴 시간으로, 너무 큰 크기로 받아버리게 된 사랑들입니다.

> 토닥토닥과 두근두근은 같은 속도다
> 나는 할머니가 내 심장에 넣어준 박자를
> 가슴에 기댄 아기에게 넣어주고 있다
>
> 할머니의 얼굴은 기억나지 않는다
> 나도 머지않아 지워질 얼굴이지
> 이 박자는
> 아기의 바깥까지 따라나설 보폭이다

그러니 아가야

어디서든 누구라도

혼자 두근거리지는 않는단다

―「두근두근 방 1」 전문

「두근두근 방 1」에서는 '제2의 자궁'의 종적 기원을 느낄 수 있습니다. 장년의 아버지는 "할머니가 내 심장에 넣어준 박자를/ 가슴에 기댄 아기에게 넣어주"고 있습니다. 과거로부터, 현재, 미래까지 서로에게 기대며 상호의존해온 가족 공동체의 '토닥토닥' 다독이던 행위는 외부 불안에 대응하는 '두근두근'의 신호와 그 리듬이 같습니다. 나날이 새롭게 등장하는 '바깥'의 타자 사이에서 고독과 불안은 거세어지겠지만, 내적인 '토닥토닥'의 힘으로 바깥의 '두근두근'거리는 생들에 대면할 힘이 모이는 것입니다. 이러한 내력과 외력의 조화가 몸에 체화되어 서로를 기대게 하는 평온의 파장을 만들지요.

버스 창가에 앉은 어린 딸이

내게 기댄 채 잠들었다

저를 모두 올려놓고

돌처럼 고요한 아이

버스는 정체되고

나는 새잎을 올려둔 고목같이

경건해진다

우리가 겹치기까지

멀고 먼 시간을 생각하면

서로의 무게를 지탱하느라

우린 잠깐

이토록 눈부시다

—「서로」 전문

 아마도 '제2의 자궁'이 있다면 이런 풍경이 아닐까 합니다. 자기 스스로를 전적으로 부모에게 맡긴 아이와 그 무게를 받쳐주는 아버지의 안정감이 간결하게 균형을 이루고 있는 명편입니다. 아주 '잠깐' '서로'에게 '기댄' 채 체온을 나누는 일은 죽은 줄 알았던 '고목'에 '새잎'이 피듯 경건한 생명현상을 낳습니다. 부모에게 증여받은 체온을 깨닫는 순간, 아이는 체온을 가능하게 하는 심장 소리를 인식하고, 심장의 박자에 맞는 보폭을 체득하게 됩니다. 그 보폭은 나 이외의 존재들에게 횡적으로 뻗어나가는 상상력과도 연계됩니다. 아버지의 오랜 기도를 전달받아, 아이는 "지상에 혼자 버려진 이에겐/ 제 심장 소리라도 듣게 하여/ 오래 이어져 온 두근거림을 기억하게 되기를"(「새해를 위한 기도」) 바라게 될 것입니다.

   지카우치 유타(近內 悠太)는 부모 자식 사이의 증여를 예로 들며, 태어나는 순간부터 내 노력과는 무관하게 부당하게 받아버린 사랑을 어떻게 갚을 수 있을지에 대해 고민한 바 있습니다. 필연적으로 사랑받을 행동을 하지 않았음에도 받아버린 온기를 어떻게 답례할 것인가에 대해 고민하면서 그는 "아이가 성장해 타인을 사랑할 수 있을 때 비로소 증여의 인수인계"(『우리는 왜 선물을 줄 때 기쁨을 느끼는가』, 다다서재, 2025)가 가능해진다고 설명합니다. 청년기의 마르크스도 비슷한 생각을 했습니다. 마르크스가 파리에 거주하던 시절에 쓴 「화폐」(『1844년의 경제학 철학 초고』)라는 짧은 글에는 "네가 사랑하는 인간으로 되돌아오는 사랑을 생산하지 못하고, 네가 사랑하는 인간으로서의 너의 생활 표현을 통해서 너를 사랑받는 인간으로 만들지 못한다면 너의 사랑은 무력하며 하나의 불행이다"라는 구절이 나옵니다. 모든 것을 교환하고 사랑의 본질마저도 화폐화하는 사회에서 일회성 교환 체제가 아닌 '답례를 통한 지속적 사랑의 증여'를 상정한 것입니다.

   선생님께서는 아이의 경험과 생활 표현을 통해 사랑의 증여가 이루어지고, 그것이 무한히 다른 존재로 되돌아오는 과정을 중요하게 여기지 않았을까 생각합니다.

장년이 되어 아이와 공유하는 것이 더 줄며, 자립한 존재로서의 아이 경험을 존중해가는 시간을 거치겠지요. 그런 과정에서 아이가 삶 속에서 지속적으로 따뜻한 온기를 만나기를 바라게 되겠지요.

하지만 이번 시집 후반부에는, 블레이크의 『경험의 노래』처럼 어둡고 냉혹한 그림자가 짙게 드리워져 있습니다. 온기의 시절을 부정하는 듯한 버려진 세상의 이야기가 고통을 겪는 골목들 속에서 상당수 등장합니다. 누군가의 고통은 단순한 개인사에 머물지 않지요. 참사 주인공들이 겪는 상처, 개발과 성장논리에서 소외되거나 국가폭력을 겪었던 이들의 처참한 비극들이 시집의 후반부에 가득합니다. 이들은 '물음표'가 되어버린 자기 존재를 해명해달라고 끊임없이 발신하고 있지요. "휴대폰을/ 꽉/ 쥔 채" "사흘 만에/ 수면으로 떠올랐"(「통화 중」)던 소녀의 전화기가 응답해달라 말을 걸고 있으며, "골다공증의 다리가 제사상 앞에 엎드려/ 뼈들이 보내온 메아리를 수신"(「악기들」)하는 풍경들 속에 살고 있습니다. 선생님은 그 풍경들을 아프게 포착하여, '첫눈' 같은 '백지' 위에 일일이 새겨둡니다.

1
산에서 잡아온 까까머리들을 엮어

끌고 가는 총구 앞을

길 가던 노인 둘이

막아서며 애원했다

어린것들이 뭘 알암쑤꽈

살려줍서

김을 피우며 구덩이에 던져진

소년들의 몸뚱어리 위에

두 노인의 몸도 던져졌다

그들의 체온은 한 덩어리가 되어

흙이 덮일 때까지 따뜻했다

—「혈육」 부분

  시집 전반부의 시편들이 영혼이 겪는 순수의 측면을 이야기한다면, 후반부에 실린 시편들은 세계의 고통스러운 현장을 전면에 내세웁니다. 그러나 그것들은 고통스러운 삶들을 이야기하면서도, 고통만으로 가득 차 있지 않은 세계를 노래합니다. 가령 제주 4·3의 집단 기억을 시화한 「혈육」에서는 소년들을 지키기 위해 자기 몸을 던진 두 노인의 이야기가 등장하지요. 소년들의 몸뚱어리와 두 노인의 몸뚱어리가 구덩이 속에서 한 덩어리의 체온이 되면서 모두가 죽음을 맞는 이야기인데요. 시의 후반부에서는 "산에 숨었다 잡혀온 아주머니"를 찔러보라고 명령하는 군인 앞에 "쇠창을 놓고 총알을 받"은 여성의 이야기가 이어집니다. 결국 두 여성은 모두 죽음을 맞지만, 서로에게 무해한 "두 여자의 따뜻한 피가/ 흙구덩이 안에서 섞여"갑니다. 이처럼 이 땅의 수많은 존재들은 남을 해치지 않으면서 인간으로서의 온기를 지키는 일을 지속해왔습니다. 비록 생물학적 혈육은 아닐지라도, 오래전부터 받아왔던 피의 온도를 포기하지 않고 무해함으로 갚아가는 새로운 혈육을 만들어왔지요. 우리가 다 헤아리지 못하는 '나이테'와 우리가 다 밟지 못한 수많은 '퇴적층'에는 선생님이 아이에게 보여주고 싶어하는 온기의 연대가 아로새겨져 있는 것입니다. 그렇게 연결된 관계망은 온갖 고통 속에서도 희망을 걸 만한 우리의 '제3의 자궁'인지도 모르겠습니다.

해변으로 떠밀려온 운동화에
맨발을 넣어본 적 있었다

개구리를 만져보면
내 살과 먼 살맛이 느껴지듯

운동화는 체온 잃은 몸처럼
무겁고 서늘했다

바다를 떠돌다 온 신발을 신어보는 일은
이미 소멸한 사람이 보내온 기별에
밤새 답장을 쓰는 일

절름거리며 따라오던 발목이 무거워
운동화를 벗어주고 돌아왔지만
봄비 오는 광화문 광장 아스팔트 위를

젖은 운동화 한 짝이 나를 신고
절름절름 걸어간다

—「젖은 운동화를 신고」 전문

 우리는 누군가에게서 받은 체온을 잊은 채 살지만, 체온을 잃어버린 사물을 통해 우리가 그동안 증여받아온 온기의 존재를 뒤늦게 깨닫습니다. 지카우치 유타는 그러한 '뒤늦은 깨우침'이 증여의 핵심적 속성이라 이야기합니다. 그는 수취인이 증여였다는 것을 모를 때 진정한 증여가 가능해진다고 말합니다. 한참 뒤에 자신이 증여를 받았다는 것을 깨닫는 순간, 시간을 뛰어넘어 아무 의

미도 없던 한 사물을 통해 증여는 수취된다는 것입니다.

　위 시에서 "해변으로 떠밀려온 운동화"는 누군가가 상실한 사물입니다. 상실된 누군가를 표상하기도 하지요. 운동화는 발을 감싸고 보호하는 도구였지만, 주인을 잃고 부유하고 있습니다. 그러나 체온을 잃고 바다를 배회하는 신발에 화자가 발을 넣어보는 순간, 자신에게 체온을 불어 넣어주었던 그 많은 증여의 전사들이 접속되는 순간이 옵니다. 체온을 가졌던 무수한 이름 없는 이들에게 그동안 수많은 증여를 받아왔다는 것을 화자는 뒤늦게 깨우치게 되죠. 그래서 "이미 소멸한 사람이 보내온 기별에／밤새 답장을 쓰"며, 시적 화자는 '광화문 광장'으로 향합니다. 자신의 체온을 신발에 증여하며, 떠도는 신발을 광장의 공간으로 인도합니다. 익명의 신발을 받아들여 우리가 받아왔던 증여를 발견하고, 고통받는 타인을 위해 또 다른 증여를 이어가는 일이 선생님이 상상하는 문학의 테두리가 아닐까요. 고통받는 존재들을 잇는 '제3의 자궁' 또한 이렇게 증여의 마음에서 만들어집니다.

4

시집을 읽으며 선생님의 아이가 어떻게 자라고 있을지 궁금했습니다. 아마 생물학적 '제1의 자궁'을 지나, 가족이 돌보는 '제2의 자궁'에서 자신 또한 돌봄을 학습하며 성장하고 있겠죠. 그리고 자기가 받은 증여를 돌려주는 사랑의 주체가 되기 위해 아마도 선생님이 상상하는 '제3의 사회적 자궁'들로 걸어가고 있을지 모릅니다.

그런 단계적 걸음이 인생이어서일까요? 선생님의 이번 시집에는 유독 '신발'이나 '발자국'의 모티프가 두드러져 보입니다. 시집의 여는 시 「뽀드득」에서부터 그렇지요.

> 지난날들을 모두 지우고
> 그 백지 위에 써보고 싶다
> 내일 걸어가야 할 눈 위의 발자국에 대해
> 방바닥에 차오르고 있는 온기에 대해
> 아궁이에서 잠든 고양이와
> 고양이가 다시는 입맛에 대해
> 밤이 깊도록 오고 있는 엄마에 대해
> 어제 태어난 강아지 털의 감촉에 대해
> 방금 깎은 몽당연필 심에 침을 발라

새기듯 써보고 싶다

허공을 걸어두고 겨울을 향해 걸어가는

나무들의 맨발에 대해

처음 편지를 쓰던 그 밤을 찍어 바르고

멀어져가는 뒷모습을 훔쳐보며 두근거리던

그 심장 소리를 따라가보고 싶다

가다보면 눈물 자국이 볼을 빨갛게 얼려도 좋아

백지는 어차피 눈이 쌓인 들판

내가 지나온 발자국마다 다시

아침처럼 차오르는 새하얀 침묵

아무도 없는 그 백지 위를

뽀드득 세 글자로만 걸어가고 싶다

―「뽀드득」 전문

  눈길을 '뽀드득' 걸어가는 길은 일반적으로 차갑고 외로운 길일 것 같다는 통념이 있는데요. 신기하게도 화자는 걸을 때마다 "방바닥에 차오르고 있는 온기"와 "아궁이에서 잠든 고양이와" "고양이가 다시는 입맛"과 "밤이 깊도록 오고 있는 엄마"와 "어제 태어난 강아지 털의 감촉"과 같이 따스한 온기가 있는 것들을 만나고 있습니다. 하얀 백지 위에서 자립하여 걸을 수 있는 것은 이처럼 무수한 존재들이 증여한 '연립(聯立)'의 기억 덕분이지요.

그러한 온기가 눈밭의 발자국에서부터 시작한다는 것이 시를 매력적으로 만들고 있습니다. 눈길에서 발자국을 내며 걷는 일은 포근한 눈을 땅땅한 고체의 얼음으로 만들며 포근함을 사멸시키는 과정일 텐데요. 위의 시에서의 발걸음은 오히려 포근한 온기를 통해 생명의 관계들을 살려내는 역할을 하고 있습니다. 아마도 오랫동안 증여되어온 "심장 소리"가 겨울의 냉기와 얼음의 고체성을 이기고 있는 것이겠죠. 오래도록 토닥이고 두근거리게 했던 무수한 존재들에게 시로 답례할 때면, "허공을 걸어 두고 겨울을 향해 걸어가는 나무들의 맨발"에도 체온이 돌고 있으니까요.

부디 그 체온을 간직하며 이 세계를 더 말랑한 생기로 채워주시길, 아비-되기가 자궁-되기인 세상을 내일의 아이들에게도 열어주시길, 그렇게 가장 아픈 것들과 함께 더 순수한 세계로 걸어나갈 수 있는 시의 길을 열어주시길 바랍니다.

그래서 이 시집의 첫 시가 저는 참 특별하게 다가옵니다. 소란하지 않고 담박한 언어, 특별한 의미가 없어도 따스하게 전해지는 "뽀드득"이란 세 글자가 새삼 경이롭습니다. 아마도 무수한 결정(結晶)들이 자기를 일그러뜨려 시인의 발자국에 증여하는 소리겠지요. 그렇게 차갑게 사멸하면서도 온기를 전할 수 있다니, 이 모든 헌신성을

증명하는 시란 얼마나 거대한 '제4의 자궁'인가요. 그곳에서 '서로' 기대는 시들을 만나며, 시를 읽는 내내 '두근두근' 하였습니다.

삶창시선

1	山河丹心	___이기형
2	근로기준법	___육봉수
3	퇴출시대	___객토문학 동인
4	오래된 미신	___거미 동인
5	섬진강 편지	___김인호
6	늦은 오후에 부는 바람	___젊은시 동인
7	아직은 저항의 나이	___일과시 동인
8	꽃비 내리는 길	___전승묵
9	바람이 그린 벽화	___송태웅
10	한라산의 겨울	___김경훈
11	다시 중심으로	___해방글터 동인
12	봄은 왜 오지 않는가	___이기형
13	거미울 고개	___류근삼
14	검지에 핀 꽃	___조혜영
15	저 많은 꽃등들	___일과시 동인
16	참빗 하나	___이민호
17	꿀잠	___송경동
18	개나리 꽃눈	___표성배
19	과업	___권혁소
20	바늘구멍에 대한 기억	___김형식
21	망가진 기타	___서정민 유고시집
22	시금치 학교	___서수찬
23	기린 울음	___고영서
24	하늘공장	___임성용
25	천 년 전 같은 하루	___최성수
26	꽃과 악수하는 법	___고선주
27	수화기 속의 여자	___이명윤
28	끊어진 현	___박일환
29	꽃이 눈물이다	___강병철
30	생각을 훔치다	___김수열
31	별에 쏘이다	___안준철
32	화려한 반란	___안오일

33	뀐투	___이장근
34	헛된 슬픔	___박순호
35	거꾸로 가자	___윤재철
36	불량 젤리	___김은경
37	달을 가리키던 손가락	___조동례
38	식물성 투쟁의지	___조성웅
39	혹시나	___함순례
40	실비아 수수께끼	___이진희
41	시월	___이중기
42	사랑의 뼈들	___김수상
43	집에 가자	___김해자
44	정오가 온다	___황규관
45	벽암록을 불태우다	___노태맹
46	국수는 내가 살게	___김정원
47	몸의 중심	___정세훈
48	통증을 켜다	___손병걸
49	물에서 온 편지	___김수열
50	꽃보다 먼저 다녀간 이름들	___이종형
51	벚꽃은 왜 빨리 지는가	___이은택
52	내일은 희망이 아니다	___표성배
53	사랑해요 바보몽땅	___강병철
54	몇 걸음의 고요	___이미경
55	강철의 기억	___이철산
56	검은 잎사귀의 노래	___황재학
57	우리가 너무 가엾다	___권혁소
58	아무도 달이 계속 자란다고 생각 안 하지	___강민영
59	우리는 새로 만난 사이가 되었다	___김영서
60	사라지는 시간들	___김주태
61	오늘은 밤이 온다	___우혁
62	새들은 날기 위해 울음마저 버린다	___김용만
63	벌레 한 마리의 시	___김승립

64	늦은 꽃	__이현조
65	바람을 낳는 철새들	__정선호
66	섬에선 바람도 벗이다	__강덕환
67	광주의 푸가	__박관서
68	이파리 같은 새말 하나	__변홍철
69	붉은색 옷을 입고 간다	__김윤삼
70	분홍달이 떠오릅니다	__박영선
71	기침이 나지 않는 저녁	__박한
72	길을 잃고 일박	__조동례
73	시간을 사는 사람	__송태규
74	낯선 곳에 도착했다	__김영서
75	부추꽃이 피었다	__이재근
76	너무 즐거워 견딜 수 없다는 듯	__이은택
77	쏠 테면 쏘아 봐라	__양기창
78	숨비기 그늘	__김형로
79	가슴이 먼저 울어버릴 때	__박노식
80	겨울나무로 우는 바람의 소리	__조선남
81	너머의 너머	__이강문
82	몸이 기억하고 있다	__이한주
83	순창시장 참기름 집	__오진엽
84	쓰고 싶었던 반성문	__이준희
85	돌배나무꽃은 피었는데	__정낙추
86	골목이 골목을 물고	__최종천
87	날혼	__김수열
88	민주주의 4.4	__함태숙
89	땀이 눈물보다 짜서	__김영서
90	상처도 오래 묵으면 꽃이 된다	__김광선
91	토닥토닥과 두근두근	__김일영